GAUGUIN

골티에 V. M., 당신의 믿음에 감사합니다.

— M. L. R.

일러두기

본문 아래 있는 각주는 모두 역자 주이다. 단, '서문'에는 저자 주와 역주가 섞여 있기에 역주를 밝혀 적었다.

나는 타히티의 야만인으로 살겠다

GAUGUIN
폴 고갱

막시밀리앙 르 루아 글
크리스토프 골티에 그림
마리 갈로팽 채색
임명주 옮김
김광우 해제

작은길

서문

고갱 하면 무심한 듯한 타히티 여인들을 강렬한 색채로 그린 그림이 떠오른다. 고갱이 프랑스령 폴리네시아에서 어떻게 생활했는지는 잘 알려져 있다. 그리고 그의 작품은 '선량한 미개인'[1] 이라는 이국적 신화 속에 갇혀 있다. 하지만 고갱이 당시의 식민주의, 제국주의, 기독교 사상을 격렬하게 비판한 저항가였다는 사실은 잘 알려져 있지 않다.

열성적인 자유주의자이며 작가인 다니엘 게랭은 고갱을 '우리 시대의 혁명적인' 예술가로 평가했다. 그는 '반종교주의자, 반식민지주의자, 평화주의자, 반군사주의자, 반베르사유주의자[2], 무정부주의자적 기질'을 가진 고갱이 기성 질서와 치열하게 싸웠다고 적었다. 이 책에서 그리고자 하는 것은 원시적인 색채와 위협적이지 않는 우편엽서 같은 그의 그림과는 거리가 멀고, 화가로만 축소시킬 수 없는 한 인물에 대해서다. 고갱은 펜으로도 투쟁했으며,(기사, 기독교에 대한 에세이, 자서전, 편지 등 현재 남아 있는 글만 해도 천오백 페이지가 넘는다.[3]) '오늘날 우리가 반체제 인사'라고 이르는 투사였으며, '소비사회'를 거부한 저항가였다. 병마와 싸우면서도 '마지막 숨을 쉴 때까지' 원주민과 가난한 백인 이주민들을 위해 총독들과 검사들과 탐욕스러운 자본가들과 싸웠고, 무엇보다도 마르키즈 제도의 '대표적인' 지배층인 '사제와 경찰'에 맞섰다고 게랭은 적었다.[4]

고갱은 오늘날에도 여전히 논쟁적인 인물이다. 월간지 『타히티 퍼시픽』의 2003년 4월호에는 고갱이 '방탕하게 산 사회의 쓰레기'였다는 기사가 실렸다.[5]

고갱의 동상을 세우려거나 우상으로 만들려는 의도는 전혀 없다. 게랭도 고갱의 '약점과 모순적인 행동'을 언급하고 그를 '영웅'으로 만드는 것에 반대했다. 고갱이 가족들과 떨어져 어린 여자아이들과 관계를 가졌던 사실을 부인하는 것은 오히려 고갱에게 해가 된다.[6]

이 책에서는 고갱이라는 예술가에 대한 '변주곡'이 연주될 것이다. 누구나 쉽게 고갱의 전기를 읽을 수 있고, 더 이상 새로운 내용도 없다. 변주곡은 반복구에서 같은 주제를 다르게 연주하는 것이다. 이 책에서 연주될 변주곡은 마르키즈 제도의 디오게네스[7]이며 절름발이이며 쾌락주의자이며 이기적이며 숭고미를 추구한 고갱이고, 작가이자 페미니스트 노동자이며 사회주의자이며 국제주의자인 외할머니 플로라 트리스탕Flora Tristan에게 경의를 표한 고갱이고, 마지막 인사를 하기 전에 백조의 노래를 부른 고갱이다.

고갱 자신이 말한 것처럼 '길에서 멀리 떨어져', 방향 표시가 잘된 길에서 떨어져 산 고갱이 연주될 것이다….

— M. 르 루아

"색깔을 부정하고 연보라가 아닌 곳에 연보라색을 칠한다. 그리고 고갱이라 한다. 이것이 바로 거부다. 예술과 자유는 사각의 닫힌 공간에서 배우는 것이고 철저하게 부정하는 것이다. 소수의 광인이 인간이 생겨난 이래 모든 명확한 것에 '아니'라고 말하지 않았다면 인간은 여전히 숲 속에서 살고 있을 것이다. 명확한 것이야말로 유일하게 권력이 관심을 갖는 것이다. 해는 동쪽에서 뜬다. 그렇다. 하지만 그렇다고 말하는 당신들에게 나는 관심이 없다. 나는 그렇지 않다고 생각한다."

— 레오 페레 *

---

* Léo Ferré 1916~1993 프랑스 작곡가이자 가수로 〈근사한〉C'est Extra, 〈시간이 흐르면〉Avec Le Temps이 대표곡이다. 시적인 노랫말로 유명한데 초현실주의 시에 영향을 받은 시집 『시인이여, 신분증을 보여 주시오!』Poète... vos papiers!를 발표하기도 했다. 위의 글은 페레가 쓴 시, 산문, 노랫말을 모아 1980년 출간한 『녹음된 유언』Testament phonographe에 실려 있다. - 옮긴이
** 고갱은 약 넉 달 전 1903년 5월 8일 사망했다.
*** 프랑스령 폴리네시아는 남태평양 중부에 있는 프랑스 해외 영토로 소시에테 제도, 마르키즈 제도 등 총 118개의 섬으로 이루어져 있다. 수도는 타히티 섬에 있는 파페에테이다.

1903년 9월 2일,** 프랑스령 폴리네시아의 타히티 섬, 파페에테***

5프랑, 더 없습니까?

6프랑!

7프랑, 더 없습니까?

7프랑 한 번, 7프랑 두 번, 7프랑 세 번! 낙찰! 판매!

탕!

2년 전

크르르…
푸흐으…

크르
…
푸흐 으
…

탁!

크르르…
푸흐…

9

히바오아*에 오신 것을
축하합니다.

뭘
원하는
거요?

* 고갱은 1891년 4월 타히티로 처음 떠난다. 하지만 서구 문화에 이미 오염된 타히티에 실망하고, 1893년 6월 프랑스로 돌아온다. 개인전을 열고 타히티에 관한 책을 집필하지만 인정을 받지 못하자 타히티로 돌아갈 것을 결심하고, 1895년 7월에 다시 타히티로 향한다. 하지만 경제적인 문제와 식민 당국과의 문제 등으로 타히티를 떠나, 1901년 9월 원시적인 느낌이 더 남아 있는 마르키즈 제도의 히바오아 섬에 정착하고 그곳에서 생을 마감한다.

원하는 것 없습니다. 단지, 도움이 필요하다면 도움을 드릴까 해서입니다.

내 눈이 멋져서 그런 것은 아니겠고….

물론 아닙니다. 하지만 눈이 피곤해 보이는데 눈을 붙일 수 있게 묵을 데라도 알아봐 드릴까요?

어디, 계속해 보슈.

짐은 해변에 놔두세요. 여기에서는 물건을 도둑맞는 일은 없습니다.

정말이오?

네, 그렇습니다.

맘에
드십니까?

괜찮소. 하지만 나는 집을
지을 생각이오.

내일 당장 땅을 보러
다닐 거요.

잘되길
바랍니다.
성함이…?

고갱.
폴 고갱이오.

저는 응우옌
반 캄입니다.
사람들은
키동*이라고
부릅니다만.

그렇군요.

만나서 반가웠습니다.

잠깐! 한 가지 물어볼 게 있는데…
기분풀이할 만한 것을 알고 있소?

기분풀이요?

* Nguyên Van Cam1875~1929 베트남 왕족으로 프랑스에 저항해 베트남 독립운동을 하다가 가이아나의 악마의 섬으로 추방 명령을 받았다. 그곳으로 가던 중 타
히티에 기항하는 동안 타히티의 갈레 총독 눈에 띄어 특별사면을 받고 마르키즈 제도의 간호사로 배속되는 행운을 얻게 되었다. 프랑스어를 완벽하게 구사하고 고
등교육을 받은 키동은 지적 대화에 목말라 있던 차에 유명 화가인 고갱이 히바오아 섬에 온다는 소식에 그를 맞이하러 나갔다.

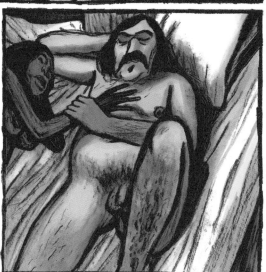

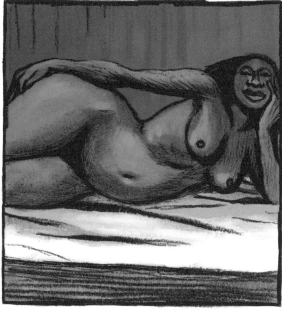

1903년 8월, 히바오아 섬

… 그럼, 그렇게 합시다!

650프랑 맞죠?

그렇소. 우리 땅, 아니 당신 땅을 하느님의 영광에 걸맞게 잘 사용해 주시오.

걱정 마십시오, 마르탱 신부님*. 가톨릭 포교단과 개신교 교회 사이에 집을 짓게 될 줄은 꿈에도 몰랐습니다. 이보다 더 큰 영광이 또 있겠습니까.

하느님의 축복이 함께하기를.

* Josephe Martin 1878년 사제로 타히티에 처음 발을 디딘 후 공격적인 포교 활동을 인정받아 히바오아의 주교가 된 인물. 고갱이 집을 짓고 싶어 하는 땅이 기독 교단이 소유한 땅이어서 고갱은 마르탱 주교의 환심을 사느라 한동안 매일 미사에 참석했다. 하지만 땅을 산 뒤, 성당에 발을 끊었을 뿐 아니라 술과 향락으로 마르 탱 신부와 원수 사이가 되었다.

오후에 와서 계약서에 서명하겠습니다, 신부님.

궁금해서 그러는데… 실례지만, 타히티에서 오셨지요. 안 그렇습니까?

네, 그렇습니다. 타히티 섬에서 6, 7년 살았습니다.

그런데 히바오아에는 어떻게 오게 되었죠? 이곳에는 아무것도 없는데.

바로 그것 때문입니다. 아무것도 없다는 것.

17

고갱이라고요? 알다마다! 유별난 작자였소.

그렇다고들 하더군요….

이제 이 세상에 없으니 우리는 발 뻗고 잘 수 있게 됐소.

고갱 선생님이 살던 집을 알 수 있을까요?

알다마다! 당신네 해군 병사들이 그 작자 집에 남은 물건을 정리하고 목록을 만들었소.

사람들이 물건에 손을 댔나요?

그자가 죽은 후에 그릇이나 연장, 포도주 같은 자질구레한 물건은 경매로 팔렸소.

몇 달 뒤에 두 번째 경매가 파페에테에서 있을 것이오. 그림과 세간을 판다고 하오.

집을 보았으면 하는데, 혹시….

날 따라오시오. 멀지 않소.

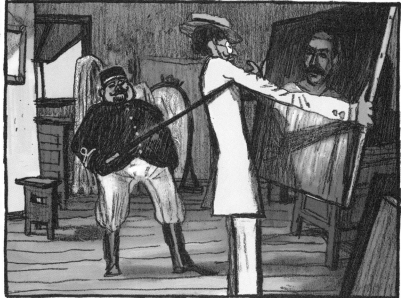

안녕하세요. 잠시 실례를 해도 되겠습니까? 성함이… 키동이시죠?

그런 것 같소.

여기 오면 선생을 만날 수 있다고 하더군요.

누가요?

고갱 선생의 이웃들이요.

다들 선생이 저를 도와줄 수 있는 적임자라고 하더군요. 저는 타히티 섬에서 왔는데….

성함이 어떻게 됩니까?

죄송합니다. 빅토르 세갈렌*입니다. 해군 군의관입니다. 반갑습니다.

제 이름은 이미 아시는 것 같고, 앉으시죠.

* Victor Segalen1878~1919 의사, 시인, 민속학자, 고고학자. 해군 군의관으로 폴리네시아, 아프리카, 중국을 여행하며 많은 글을 썼다. 그의 글은 대부분 사후에 출간되었다. 타히티에서 한 경험을 적은 책이나 글로『잊혀진 사람들』Les Immémoriaux,『섬에서 쓴 일기』Journal des îles,『고갱의 마지막 날들』Gauguin dans son dernier decor,『쾌락의 제왕』Le Maître-du-Jouir,『고갱에게 바치는 헌사』Hommage à Gauguin가 있다.

타히티에서는 무엇을 하셨습니까?

지난 1월에 불었던 태풍, 들어서 아시죠?

아, 뭘 드시겠습니까?

어… 괜찮습니다.

투아모투 군도에 불었던 태풍을 말하는 건가요?

그렇습니다. 이재민들을 치료하고 보고서를 작성하는 것이 제 임무였습니다.

그런데 고갱과는 무슨 관계가?

네, 말씀드리겠습니다. 고갱 선생이 살아 계실 때 뵙지 못한 것이 안타까울 뿐입니다.

고갱 선생과 저는 40만 해리나 떨어져 있었죠…. 하지만 고갱 선생에 대해 들어 보지 않은 말이 없습니다. 미쳤다느니, 말을 핑크색으로 그렸다느니, 그리고 히바오아 섬의 행정관들을 못살게 굴고, 하루 종일 머리를 조아리고 태양을 숭배하고…

신생아도 잡아먹었어요.

뭔가 마셔야 할 것 같군요.

돌아가시고 두세 달 후에 소식을 들었습니다.

여기!

고갱 선생에 대해 더 알고 싶은 욕망을 참을 수가 없었습니다.

레몬주스 한 잔 주시오.

오래 계실 건가요?

배가 남쪽 만에 사흘 동안 정박할 겁니다. 그사이에 고갱 선생과 가깝게 지냈던 사람들을 꼭 만나야 합니다.

무엇 때문에 그러시는 거죠?

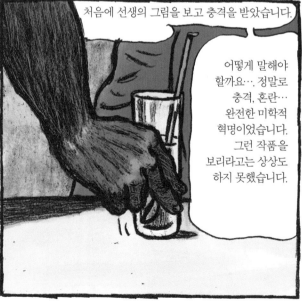

처음에 선생의 그림을 보고 충격을 받았습니다.

어떻게 말해야 할까요…. 정말로 충격, 혼란… 완전한 미학적 혁명이었습니다. 그런 작품을 보리라고는 상상도 하지 못했습니다.

24

몇 병이나 드릴까,
화가 선생?

스무 병 하겠소.

스무 병
이요?

그렇소.
스무 병!

근사한데! 제목이 뭐요?

「그리고 그들의 육체의 황금」*일 거요, 아마….

한 편의 시 같구먼. 안 그렇소, 화가 선생?

그렇다고 할 수 있지. 그래, 안 될 것도 없지. 여기서는 시가 저절로 떠올라. 그냥 붓 가는 대로 그리기만 하면 돼.

살 만하쇼? 그러니까 내 말은 그림이 팔리느냐고요.

프랑스에 있는 화상**이 매달 그림 몇 점을 주문하고 있소. 난 배로 실어 보내기만 하면 되고.

* 「Et l'or de leur corps」
** 고갱은 세잔, 고흐, 마티스, 피카소를 발굴한 유명한 화상 앙브루아즈 볼라르 Ambroise Vollard와 계약을 맺고 매달 300프랑을 받는 대신 배편으로 그림을 프랑스로 보냈다.

여기 온 지는 얼마나 되나?

3년 됩니다.

도대체 어떤 사연으로
여기까지 오게 되었나?

담배는 피우지 않습니다.
폐가 좋지
않아서요.

개인적인 일이죠···. 프랑스 정부가
나를 우리나라에서 추방했습니다.
독립운동을 했다는 이유였지요.

인도차이나 말인가?

네.

27

이분이 제가 말한 분입니다.

티오카* 씨?

그렇소.
안녕
하시오?

그럼, 말씀해 주시겠습니까?

흐음, 내가 고갱을 처음 발견했소.
다리 하나가 침대 밖으로 나와 있었는데
아직 몸은 따뜻했지. 처음에는 문 밖에서
소리를 질렀어. "코케! 코케!"**하고 말이야.
그런데 아무 대답이 없는 거야. 그래서
안으로 들어간 거야. 코케가 꼼짝 않고
누워 있더군….

* Tioka 고갱과 의형제를 맺은 사람으로 고갱이 타히티에서 가족처럼 지낸 사람이다.
** Koké 원주민들이 타히티어로 '고갱'과 가장 비슷한 발음인 '코케'라는 이름을 붙여 주었다.

* 고갱은 새로 지은 집에 '쾌락의 집'Maison du Jourir이라는 이름을 붙이고 정문을 두르고 있는 패널에 여자들의 나상을 새겼다. 그리고 문 왼쪽 가로 패널에는 '신비로운 여인이 돼라', 오른쪽 패널에는 '사랑하라. 그러면 행복해지리라.'라는 문구를 적었다.

코케, 춤춰요. 어서요.

안 돼. 난 춤을 출 수가 없어.

내 춤이 형편없어서 그래요?

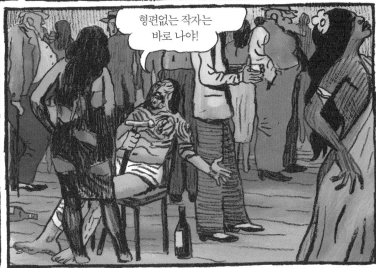

형편없는 작자는 바로 나야!

?!

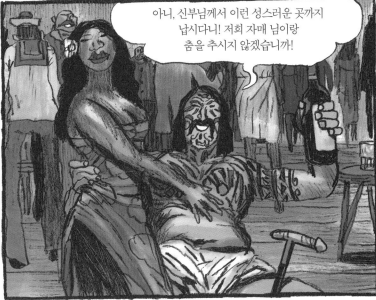

아니, 신부님께서 이런 성스러운 곳까지 납시다니! 저희 자매 님이랑 춤을 추시지 않겠습니까!

조물주께서 주신 선물을
거절하시면 안 되지요! 하하!

고갱 씨, 경고하겠소.
계속 이런다면…

나가시기 전에 한잔하시겠소?

교구의 상부에 보고하겠소!

그리고 원주민들이 당신 집에
오지 못하도록 하겠소.

신부님 말은 듣지 않을 거요. 나도 원주민이 되었으니까.

명심하시오….

원자! 먼지만 한 원자는 물질이다,
친구여! 물질과 진공! 하하하!

!

머리가 어떻게
된 것 아니오?

당신 머리는?
당신은 머리가 아예 없어!

항상 도덕 앞에 노예처럼 무릎만 꿇지!

하느님께서 정말 우리 같은 미물들의 똥구멍 일까지 상관하신다고 생각하는 거요?

도저히 들어 줄 수가 없군.

나는 폴 고갱이야! 골고다 언덕에서 처형당한 폴 고갱이라고!

키동, 자네야말로 진정한 신사야.
나 대신 춤을 추게나.

아직 카드
게임이 끝나지
않았는데….

죽으면 신물 나도록 카드 게임만
하게 될 거야! 자, 무대로!

너무
예뻐요.

그래. 하지만 네가
더 예뻐.

고갱하고 지낸 여자들을
모두 알고 계신가요?

셀 수 없을 정도로 많아! 여자들이 고갱을
찾아왔지!
으음….

여자들이 와서 무엇을 했죠?

할 것을 했지! 아니, 남자와 여자가
한 침대에 있으면 무엇을 하는지
젊은이는 모르나!

하하하!

하루는 이곳에 와서 저기 보이는 바위를 한참 동안 바라보았지. 바케울 곳이야.

고갱이 뭐가 보이냐고 우리에게 묻더군. 저 땅끝에 솟아 있는 바위를 보면서 무슨 생각을 하느냐고. 우리는 선생님 질문에 대답을 못하고 쩔쩔매는 아이들처럼 입을 다물고 있었지.

고갱이 뭐라던가요?

아니, 교활한 눈을 하고 기다렸어. 그런데 우리 중에 한 명이 소리를 질렀지. "곶이지. 바다로 뻗어 있는 땅끝 말야."라고 했어.

그 소리를 듣고 고갱이 펄쩍 뛰더군. 그러고는 그 사람을 고기 한 덩이 얻어먹으려고 주인이 시키는 대로 계속 빙글빙글 도는, 멍청하고 게으른 개처럼 취급하더군.

무슨 뜻이죠?

당신은 시인 이잖아. 말 뒤에 숨어 있는 의미를 잘 알 것 아냐.

"차라리 불평하고 참견하고 먹잇감에 달려드는 고독한 짐승을 흉내내라. 자, 다시 말해 봐. 뭐가 보이지?"

그렇게 말했어. 한마디도 잊지 않았어. 고갱이
지금 내 귀에 대고 속삭이고 있는 것처럼 말이야!

내 눈에 뭐가 보이냐고? 웅크리며 주둥이를 내밀고 있는 섬이 보여. 물을 마시려고 주둥이를 내밀고 있는 목마른 새가 보여.
등뼈가 아프지만 물에서 눈을 떼지 않고 목을 축이지.

그러고는 눈을 잠시 들어
바위 꼭대기를 쳐다보지.

굽은 등뼈,
울퉁불퉁한 바위, 얽힌 털

… 관절. 섬의 모든 것은
신이 당신들에게 선물한 것이야.
당신들이 걷고, 먹고, 숨 쉬며
행복하게 살 수 있도록 말이야….

당신들 손으로 직접 만든
이 섬이 놀랍지 않은가?

* 압생트absinthe의 별명이다. 쑥을 원료로 만든 연녹색 고도주(40~70%)로 19세기 후반 프랑스에서 많이 마셨다. 값이 싸서 가난한 예술가들에게 인기가 높았는데, 압생트에 들어 있는 테르펜 성분이 뇌세포를 파괴하고 환각을 일으킨다고 알려져 한때 생산이 금지되기도 했다.

따라오시오.

어딜 가는 데요?

고갱 선생이 쓴 글 아닙니까?

다 가져가세요. 고갱을 좋아하시잖아요.

아가씨도 고갱을 좋아했잖아요?

네, 그분을 사랑했어요!

이름이 뭐죠?

사라예요.

사라… 성은?

어떻게 이 글을 다 가지고 있었죠?

다른 것도 있어요.

보여 줄 수 있나요?

아니요!

왜죠?

아저씨와는 상관없는 것이니까요. 개인적인 편지예요. 보면 안 되는 편지들이요….

고갱이 알았던 여자들의 이름을 전부 알려 달라고 했는데 왜 저 아가씨 얘기는 안 했죠?

저 아이는 고갱과 자지 않았어!

참 이상한 아가씨군.

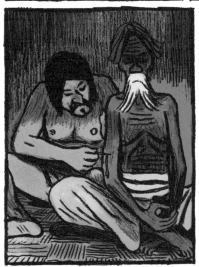

폴 고갱은 굴복하지 않는다….

* 고갱과 티오카는 의형제를 맺고 이름도 서로 바꾸어 불렀다.

친구들, 이 책을 아시오?

모르는데. 무슨 책이오?

'민법'이라고 하는 것이오. 프랑스인들이 지키는 모든 규칙이 여기 적혀 있소.

그런데 민법에 아이들을 사제들과 프랑스인들이 운영하는 학교에 보낼 필요가 없다고 되어 있소.

정말이에요?

아이들을 그 학교에 더 이상 보내지 마시오. 예전에 하던 대로,
여러분의 문화, 풍습, 전통에 따르면 되는 거요. 그 사람들의 말을
들을 필요가 없소. 그자들은 당신들 머리에 쓰레기를 집어넣고 있소!

실례하오. 이 책을 아시오?

45

"나는 전에는 고갱을 몰랐다. 그가 살아 있을 때 만난 적이 없다…

… 하지만 고갱이라는 인물은 너무 폭발적이어서 인간이라는 존재들을 압도한다. 그리고 너무 단단해서 파괴되지 않아 차라리 눈을 떼지 않고 그의 흔적을 따라가는 것이 더 쉽다. 아니, 기운 넘치고 강압적인 그의 성격은…

… 우리를 줄 맞춰 행진하게 하고 처음부터 끝까지 이탈할 수 없게 만든다. 마치 회오리 속으로 빨려 들어간 것처럼. 여기서 빠져나올 수 있는 유일한 길은 튕겨져 나가…

… 길바닥에 내동댕이쳐지는 것이다. 만약 행렬을 빠져나와 다른 길로 가려 한다면 광기라는 값을 치르게 된다."

46

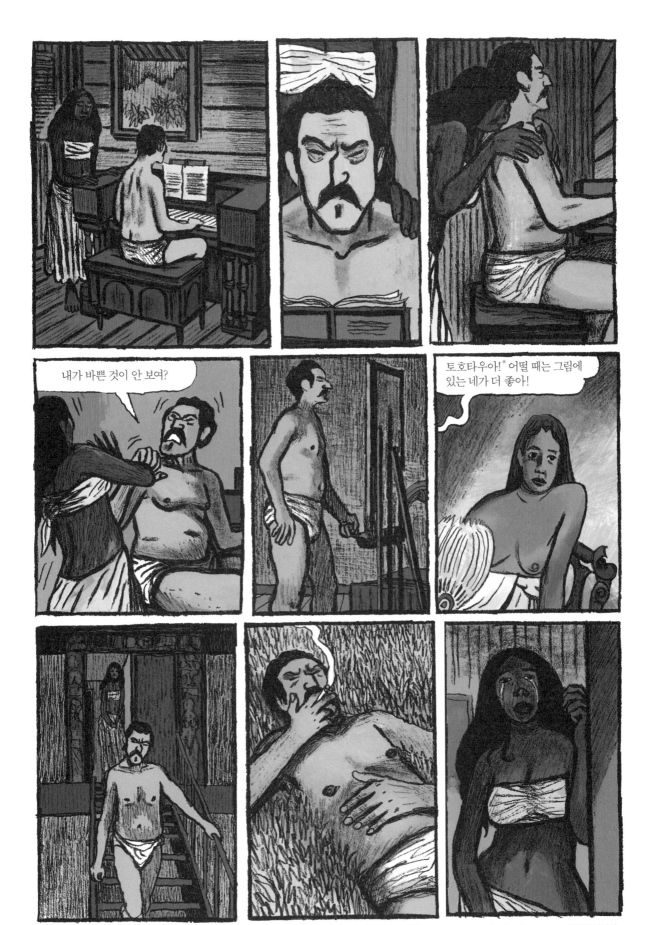

* 붉은 머리의 신비스러운 미인인 토호타우아는 인근의 타후아타 섬 출신으로 마을에서 유명한 주술사인 하아푸아니와 결혼한 유부녀였지만 고갱과 관계를 가졌다.
이 책 마지막 부분에 실린 그녀의 사진은 고갱이 자세를 잡아 주고 그의 친구인 루이스 크렐레트가 찍은 것으로, 고갱은 이 사진을 바탕으로 그녀의 초상화를 그렸을
뿐 아니라 그의 여러 그림에 등장하는 타히티 여인의 모델로도 사용했다.

한번은 이틀 동안 죽은 것처럼 꼼짝하지 않고 자기만 했어요. 그러다가 삼 일째 되는 날 일어났어요.

부활을 한 거야.

그도 그렇게 말했어요. 조금 떨었지만 얼굴은 평온해 보였어요.

그는 정말 외국인 같지 않고 우리와 똑같았어요. 맨발로 우리보다 더 잘 걸었고 우리보다 산을 더 잘 탔어요. 그가 산길을 걸으면 그를 둘러싸고 있는 기쁨의 노래가 환영과 존경의 노래로 바뀌었죠. 나는 멀리서 그를 따라갔어요. 제대로 쳐다볼 수조차 없었죠.

… 심각하다뇨?

토호타우아보다 더 심각한 사이라고. 그 아이의 부모도 허락했어. 이제 우리 집에서 살고 있다네.

잘됐군요.

요리사도 구했어. 마리로즈*는 손 하나 까딱할 필요가 없어.

또 외상 장부에 올릴까요?

두말하면 잔소리지!

* 고갱은 200프랑어치의 천과 리본을 부모에게 선물하고 열네 살인 마리로즈 바에오호를 집으로 데려왔다. 임신한 마리로즈는 출산하기 위해 집으로 돌아갔으나 딸을 낳은 뒤 고갱의 집으로 돌아오지 않았다.

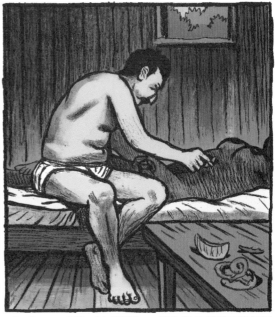

왜 말을 안 하려는 거예요?

알아서 뭐해?

알고 싶어요.
알아야 해요.

다섯이야! 파리에 있을 때
다섯을 낳았어.

파리는 어떻게 생겼어요?

파리는… 어떻게 말해야 될까? … 내가 태어난 나라에서 가장 큰 도시야.

프랑스죠!

그래, 프랑스야.

근데, 아이들이 보고 싶지 않아요?

알아서 잘 살고 있어!
잠깐 볼일이 있는데….

어서 가요,
바보같이.

"손 다칠 위험을 무릅쓰고 유리창을 깨서 완전히 해방되는 것이 중요하다…

상처는 아무것도 아니다. 가난은
아무것도 아니다.

금지된 모든 것을 시도하고
과장하지 않고 기쁜 마음으로
다시 만들어야 한다 ….

… 과장하면 어떤가! 새로 배우고 그래서 알게 되면
또 배워야 한다. 우스꽝스러운 것을 창조한다 해도
부끄러울 것이 없다.

이젤 앞에서 화가는 과거의 노예가 되어서도 안 되고
현재의 노예가 되어서도 안 된다." *

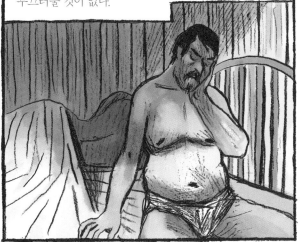

* 『떠돌이 화가의 한담』에 실린 글.

새 학기에 학생 수가 절반으로 줄었다는
정부 발표가 났어요!

야단났군!

일 하나는
철저하게
하는
군요….

나는 무능한 것을 끔찍이 싫어해.
일을 하다 마는 것도!

하지만 조심하는 것이 좋을 것
같아요. 그자들이 가만있지
않을 거예요. 몸조심해야
한다고요.

날 공격하려면 해 보라지! 이 고갱에게는
한 부대가 몰려와도 들이받을 뿔이 있어!

한 병 더!

* 다리의 습진은 매독 증상 중 하나였다. 고통이 심해져 고갱은 상처에 직접 모르핀을 주사했다. 증상의 정도를 봤을 때 타히티에 오기 전에 이미 매독에 걸린 것으로 추정된다.

"다시 부활하지 않도록
죽여야 하는 것은 신이다.

그래서 위대한 예수 그리스도를 공격하는 것이 아니라 더 위에 있고
더 멀리 있는 신, 신을 죽여야 한다.

오늘날 국가는 우리다.
국민이다….

그런데 국가가 경찰이 되고 형리가
되려고 한다면 국민들이 들고일어
날 수밖에 없다.

그것을 잊은 공화국은 왕들처럼 벌을
받게 될 것이다."

어느 날 저녁 나를 보러 왔어요. 병을 치료하기 위해 프랑스로 돌아갈 생각에 괴롭다고 하더군요.

프랑스에서 다시 에스파냐로 갈 생각이라고도 했어요….

그런데 왜 프랑스에 가지 않은 거죠?

친구이며 수집가인 사람이 지금 프랑스에서 고갱이 신비로운 예술가로 떠오르는 중이니 만약 프랑스로 돌아오면 이 신화가 깨질 위험이 있다고 편지를 썼어요. *

고갱 선생이 답장을 했나요?

작품을 완성할 것이라고 했어요. 작품에 열중하는 것만이 뇌가 타 없어지는 것을 막을 수 있다며….

* 1882년 고갱이 그림을 그리기 시작할 무렵 알게 된 친구인 조르주 다니엘 드 몽프레[George-Daniel de Monfreid, 1856~1929]를 말한다. 그는 화가인 동시에 수집가로 귀스타브 파이에와 더불어 고갱 작품의 초기 수집가이기도 했다. 고갱은 몽프레에게 날씨가 따뜻한 에스파냐로 가서 병을 치료하겠다는 이야기를 했고, 이에 몽프레는 고갱이 유럽 생활에 다시 적응하지 못할 것이라는 답장을 보냈다.

좀 가만히 계세요!

나 말고 움직이지 않는 정물이나 그리지!

처음치고는 나쁘지 않은데!

얼굴 윤곽을 그리기가 쉽지 않네요.

이리 줘 봐.

여기, 이걸로 보면 그 잘난 얼굴을 더 잘 볼 수 있을 거예요.

"우리의 어머니이고, 딸이고, 자매인 여자들도 스스로 먹을 것을 벌고 마음에 드는 사람과 사랑할 권리가 있다.

자신의 몸과 아름다움을 자신의 의지대로 사용하고 자신을 학대하는 자의 얼굴에 침을 뱉을 권리가 있다. 결혼이라는 제도는 사라져야 한다."

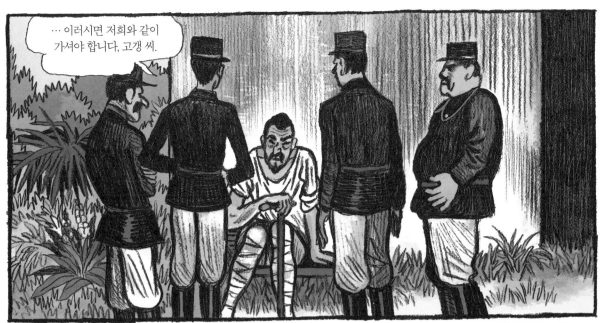

... 이러시면 저희와 같이 가셔야 합니다, 고갱 씨.

차라리 나랑 같이 술이나 한잔합시다!

경관에게 예의를 차리시오.

예의? 당신들 입에서 나올 말은 아닌 것 같은데!

입조심해!

당신들에게 원하는 것 하나도 없어. 내가 사회에 빚진 것이라도 있나? 하하! 오히려 사회가 나에게 빚을 졌지. 그것도 너무 많이. 사회가 나한테 빚을 갚을 거라고 생각해? 절대 아니지!

데려가!

가까이 오지 마!

겁을 먹었군!

경관 나으리들! 나으리들이 눈살 한 번 찌푸리면 원주민들은 키우던 닭과 돼지를 내주지!

당신들은 그들을 문명인으로 만들겠다고 목을 조르고 있어. 사람의 살을 먹지 않는 것이 자랑스러운가?* 하지만 당신들은 날마다 이웃의 심장을 먹고 있어!

* 마르키즈 제도에 살인 풍습이 있다는 소문이 오랫동안 있었다. 하지만 사실이 아니다.

완전히 미쳤군.

다시 한 번 말하지만 나는 세금을 한 푼도 낼 수 없어.
여러분들도 내지 마시오. 내 말 아시겠소?

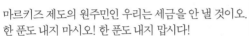

마르키즈 제도의 원주민인 우리는 세금을 안 낼 것이오.
한 푼도 내지 마시오! 한 푼도 내지 맙시다!

당신, 꼭 죗값을 치르게 해 주지.

지켜보겠어.

지켜본다고? 지켜본다고?
눈이나 제대로 뜨고 다니시지!

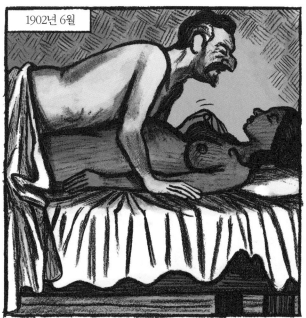

1902년 6월

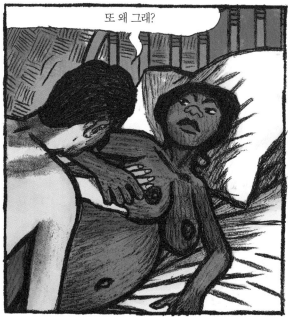

또 왜 그래?

아무것도 아니에요. 좀 걷고 싶어요.
그러면 안 되나요?

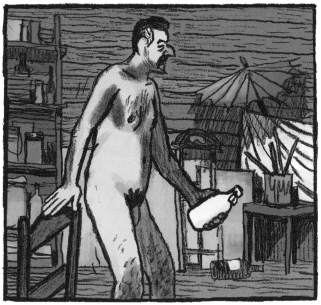

프랑스가 그립지 않나요?

폴?

고갱은 거기서 죽었어. 황금 만능의 썩은 사회에
고갱이 줄 수 있는 것은 아무것도 없었다고!

주식중개인이었기 때문인가요?

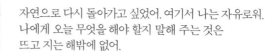

자연으로 다시 돌아가고 싶었어. 여기서 나는 자유로워. 나에게 오늘 무엇을 해야 할지 말해 주는 것은 뜨고 지는 해밖에 없어.

내가 가지고 있던 문명인의 주식은 다 사라졌어!

하하!

어때? 멋있나?

인도차이나의 아가씨들이 모두 녹겠는데요!

66

자신의 의지로 살 때에만 인생이 의미가 있는 거야.
얼마나 강한 의지로 살았는지가 중요해….

* 다리의 습진이 악화되어 지팡이로도 걸을 수 없게 되자 고갱은 조랑말과 마차를 빌려 날마다 오후에 외출을 했다.

콜록!
콜록!
콜록!

똑똑!

?

누구세요?

사라
예요.

잠깐 기다려요.

무슨 일이라도
있어요?

이거…

"… 너는 뱀과 새의 사생아보다 더 나빠…. 그런데도 나를 사랑한다고…
나는 너를 쫓아내는데 너는 자꾸 다시 돌아와….

밀쳐내는데도 너는 뚫고 들어와
나를 사로잡았어! …

하지만 나는 원하지 않아! 그러면 안 돼! 나는 그림을 그려야 해. 그런데
너는 내가 그림을 그리는 데 도움이 되는 그런 종류의 여자가 아니야…"

마을 여자들이 내 뒤에서 "저 여자가 고갱을 계속 따라다닌대. 허연 살갗 좀 봐!" 하면서 흉을 봤어요.

"그 남자는 하얀 여자를 좋아하지 않아. 우리들을 더 좋아해." 그러면서 비웃었어요…. 그러면 나는….

그가 다른 여자들에게 모든 것을 주었을지 모르지만, 당신은 내가 여기서 찾으려는 것을 내게 줄 수 있어요.

고갱의 힘의 비밀은 그와 함께 사라지지 않았어요…. 당신 안에 살아 있어요.

고갱에게 뭘 배웠죠?

아무것도요. 나는 그를 사랑했을 뿐이에요. 그가 무엇을 원하는지 이해하지 못했어요…. 그렇게 사랑했는데 말이에요….

71

네 상자 주게나.

안 좋아 보이는데요, 고갱 씨!

좋을 것도
나쁠 것도 없네.

마리로즈 때문인가요?

하고 싶은
대로 하라지.

아무리 그래도 사랑은 신성한 것인데….

사랑이라고? 난 그런 것 몰라. 날 죽인다고 해도 내 입에서 사랑이라는 말은 들을 수 없을 거네.

그래도 당신 아기인데 그렇게 가 버리는 것이….

그럴 만한 사정이 있었겠지.

사람들이 그러는데 당신이 아기를 데리고 유럽으로 가 버릴까 봐 마리로즈가 걱정했다고 하던데….

그건 또 무슨 소리야? 어쨌든 시간이 생겼으니, 지금까지 쓴 글을 모아서 책으로 낼 작정이야.

뭘 쓰셨는데요?

이것저것. 연결된 이야기가 아니라 조각조각으로 된 산문이야. 우리네 꿈처럼, 인생처럼 모두 조각나 있지. 나는 그림을 그리는 것처럼 글을 쓰고 싶어. 달의 움직임을 따라서 말야!

파리에 있는 출판사들이 출간을 해 준답니까?

그 종이 장사치들, 지옥에나 떨어지라지! 누구도 말하는 예술가를 원하지 않아. 그 예술가가 편협한 학자들의 손에서 미술을 해방시킨 사람이라도 말야! 하지만 내 책이 그 지식인들의 얼굴에서 웃음을 지워 버리고 말걸세. 나는 훈장은 없지만 이빨 하나는 튼튼하지!

1903년 1월

코케!
코케!

무슨 일이야?

하늘의 괴물이 집을 완전히
박살냈어!

전부 다?

그래, 모두 사라졌어!
아무것도 없어.

우리 집 마당에다 집을 지어, 티오카.
더 튼튼한 걸로.

염치없게
그럴 수야 없지.

자네가 없었다면, 지금 내 집이 있었겠나?*
이제 자네 집이 없어졌으니 내가 도와야지.
그러니 어려워할 것 없어.

* 고갱이 기독교 수도회의 땅을 사서 집을 지을 때 티오카가 무보수로 집짓는 것을 도와주었다.

그래도 교양이 있는 사람들은 마르키즈 제도의 예술적 가치를 한순간도 의심하지 않았다.
선교사들이 마르키즈의 예술을 파괴했다.

선교사들은 조각하고 장식하는 것은 물신숭배이고 기독교도의 신을 욕보이는 것이라고 생각했다.
선교사는 인간도 아니고 양심도 없다. 수도회의 손에서 꼼짝 못하는 시체에 불과하다.

죽이라고 하면 죽이고, 하느님께서 원하시는 것이라고 말한다. "이 지역을 빼앗으라."고 하면 '빼앗고',
"유산을 빼앗으라."고 하면 미사 때 쓰는 밀떡을 손에 든 채 빼앗는다.*

* 『전후』에 실린 글.

1903년 3월 31일

… '자유, 평등, 박애' … 얼마나 위선적입니까?
프랑스라는 이름을 내세우며 인간을
세금을 내야 하는 살덩어리로밖에 보지 않고
경찰들은 독단적인 전횡을 휘두르고 있습니다.

그런데도 '총독 만세, 공화국 만세!'라고 외치라고 우리에게
강요하고 있습니다. 나는 내가 원주민의 권리를 위해 싸우는 것이
자랑스럽습니다! 자신을 보호할 능력도 없는 불쌍한 사람들이
당신들이 걸린 병 때문에 쓰러져 가고 있는데 당신들은 그런
원주민들을 옹호했다고 나를 죄인으로 몰고 있습니다!

여기 서류에 적힌 대로, 공무를 수행하고 있는
경관을 모욕한 혐의에 대해
유죄를 판결한다.

중대한 범죄입니다.
외젠 앙리 폴 고갱 씨….

내 이름은 코케요, 판사 양반.
야만인 코케!

하하!

하하!

정숙하시오! 정숙! 1881년 7월 29일 법에 근거해
피고 고갱에게 3년 금고형과 500프랑의 벌금을
선고한다.

함정이야! 엉터리 재판이라고! 항소하겠어! 땅에 넘어졌지만
나는 아직 패배하지는 않았어! 고문을 당하면서도
웃음을 잃지 않은 인디언은 패배자가 아니야!

내보내시오.

1903년 9월

3일 뒤, 타히티 섬, 파페에테

SALLE DES VENTES.

경매실

"왼쪽에 계신 분, 25프랑! 더 없습니까?"

"28프랑 나왔습니다!"

우리가 승리한다면 우리의 투쟁도 승리할 것이고, 나는 마르키즈 제도에서 훌륭한 작품을 만들 수 있을 것이다. 불평등도 많이 폐지될 것이다. 이것만으로도 고통받을 가치가 있다.

낙찰…   팔렸습니다!

1903년 5월 8일

어서 와 봐요.
백인이 죽었어요!

코케!
코케!

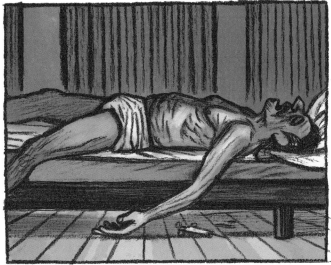

코케!
코케!

마지막 남은 인간이 갔군….

고갱은 괴물이었다.

대부분의 사람을 규정하는 도덕적, 지적 혹은 사회적 범주 안에서 고갱을 규정할 수 없기 때문이다.
일반 대중에게 사람을 평가한다는 것은 꼬리표를 붙이는 것을 의미한다. … 우리는 '예술가'가 될 수 있고 심지어
'위대한 예술가'도 될 수 있다. 물론 예술가가 되는 것도 쉽게 허락되는 것은 아니지만 예술가 외에 다른 것이 되는 것은
감히 용서받지 못할 일이다. 전형적이지 않기 때문에, 꼬리표를 붙일 수 없기 때문이다. 고갱은 괴물이었다.
완벽한 그리고 절대적인 괴물 말이다.*

* 『고갱의 마지막 날들』 1904년 6월에 실린 글.

15 Août 2013.   Gaulther Le Roy galopin

고갱은 형을 살기 전, 55세의 나이로 숨을 거두었다. 모르핀 과다 복용이 사망 원인이었을 것이다.

"유명한 화가이며 하느님과 올바른 사람들의 적이었던 고갱이라는 불쌍한 인물의 죽음에 특별한 것은 없다."
고갱의 장례식에서 마르탱 주교가 한 말이다.

고갱은 마르키즈 제도의 아투오나 묘지, 자크 브렐*과 멀지 않은 곳에 묻혔다.

빅토르 세갈렌은 랭보의 발자취를 따라 지부티로 발걸음을 옮겼고 나중에는 중국으로 갔다.

---

* Jacques Brel1929~1978. 「사랑밖에 남지 않을 때」Quand on n'a que l'amour, 「떠나지 말아요」Ne me quitte pas 등으로
유명한 벨기에 출신 샹송 가수. 1974년 폐암 판정을 받고 마르키즈 제도의 히바오아 섬에 정착하고 그곳에서 숨을 거두었다.

1 고갱 / 2 고갱의 집 / 3 마르탱 주교 / 4 티오카 / 5 토호타우아 / 6 키동 / 7 고갱의 가족 / 8 고갱 / 9 빅토르 세갈렌 / 10 고갱

폴 고갱은 울고 있었다

— 김광우 미술평론가

고갱의 「이젤 앞의 고갱」, 1885년 5월 1일경, 유화, 65.2-54.3cm

아내와 자식을 두고 떠나는 마음이 아팠을 것이다

마흔세 살의 폴 고갱이 마르세유에서 마르키즈 제도로 가는 배에 처음 오른 건 1891년 4월 1일이었다. 그의 짐 속에는 사냥총, 그의 그림에 등장하는 만돌린 두 개, 기타 하나, 타히티에 관한 책이 있었다. 친구들은 고갱이 배를 탈 때 눈물을 흘렸다고 했다. 그의 눈물에는 어떤 의미가 있었을까?

아내 메테와 자식들을 코펜하겐의 처가에 맡긴 채 자신은 미래가 불투명한 낯선 땅으로 향하는 것이 슬펐을 것이다. 1882년 11월 주식시장이 붕괴되어 프랑스 경기는 침체에 빠졌고, 이듬해 주식중개인인 서른다섯 살의 고갱은 직장을 잃었다. 실직 후 주식 거래를 해 보았지만 벌어 놓은 돈은 이내 바닥나고 말았다. 1884년 7월, 임신 중이던 메테는 코펜하겐 친정으로 가 버렸고, 다음 달 고갱은 아이들을 데리고 처가로 갔다. 코펜하겐에서 프랑스 회사의 방수 외투를 수입해 팔아 보았지만 사업은 실패했다.

이 시기에 그가 다락방에서 그린 자화상 「이젤 앞의 고갱」을 보면, 고뇌에 젖어 우울함이 얼굴에 가득하다. 자신이 전업 화가임을 내세우려 하지만 얼굴에 닿은 빛으로 생긴 명암이 자신감을 잃고 위축된 것으로 보이게 한다.

처가에서는 캔버스 제조회사의 영업사원으로 일하도록 직장을 구해 주었지만, 고갱의 괴팍한 성격 때문에 처가 사람들과 사이가 나빠졌다. 처가 사람들은 그가 너무 거만하다며 가까이하려 하지 않았다. 코펜하겐 시절은 고갱에게 경제적으로나 정신적으로나 최악이었다.

1885년 5월, 스승 카미유 피사로에게 보낸 편지에 그는 이렇게 적었다. "저는 용기도 돈도 모두 떨어졌습니다. … 고갱은 다락방으로 올라가 목에 밧줄을 매야 하는 게 아닌가 하

는 자괴감이 날마다 엄습해 옵니다. 제 발목을 잡는 건 오로지 회화뿐입니다."

1885년 6월, 고갱은 파리로 돌아오면서 돈을 벌어 아내와 자식들을 데리러 오겠다고 했지만 그 약속은 지키지 못했다. 고갱의 눈물에는 이런 사연이 있었을 것이다.

반 고흐를 머리에 떠올렸을 것이다

고흐의 자살은 신문에 실려 널리 알려져 있었고 화가들 사이에서도 그의 죽음에 관한 이야기가 무성했다. 고흐는 생레미의 요양원을 나와 1890년 5월 17일, 동생 테오가 마련해 준 파리 근교 오베르의 여인숙에 거처를 마련했다. 70일 뒤인 7월 27일 일요일, 고흐는 이젤을 들고 성곽 뒤로 가서 권총으로 자신을 쏘았다. 총알이 심장 아래에 박혔다. 그는 간신히 일어서서 여인숙으로 돌아왔다. 여인숙 주인의 연락을 받고 온 의사들은 그의 몸에서 총알을 제거할 수 없다고 진단했다. 고흐는 7월 29일 새벽 1시 30분에 눈을 감았다. 파리에서 달려온 테오에게 고흐가 마지막으로 남긴 말은 "나는 이렇게 죽기를 원했다."였다.

고갱은 테오의 주선으로 파리에서 고흐를 만났다. 테오는 '부소 앤 발라동' 화랑의 회화 담당자였다. 파리 화단에는 에콜 데 보자르(미술학교) 출신들이 많았고 또 외국에서 미술교육을 충분히 받고 온 화가들이 많았다. 이런 화단에서 아마추어 화가들인 고흐와 고갱이 입지를 마련하기란 매우 어려웠다. 두 사람은 아마추어 화가로서 서로에게 연민과 동료의식을 느꼈다. 두 사람은 자화상을 주고받으며 화단에 대한 자신들의 생각을 밝혔다.

고갱은 1888년 10월 7~8일에 고흐에게 「자화상: 레 미제

라블」을 보냈다. 고갱은 자신을 『레 미제라블』의 주인공 장 발장으로 묘사했다. 고뇌하는 순교자 같은 자기 얼굴 뒤로 순진한 모습의 젊은 화가 에밀 베르나르의 초상화를 그려, 일그러진 자기 얼굴과 대조되게 했다. 그리고 배경을 꽃무늬로 장식해 자기 얼굴이 두드러지게 했다. 자화상을 고흐에게 보내면서 그림 하단 오른쪽에 '내 친구 빈센트에게'라고 적고, 뒤에 장 발장이라고 썼다. 화단에서 부당한 대접을 받고 있는 자신을 불운의 주인공 장 발장에 비유한 것이다. 그가 자기를 장 발장에 비유한 건 분명 허세였다. 고갱은 자기가 천재이거나 거의 그런 수준이라고 생각했으므로 그만큼 고독이 클 수밖에 없었다.

고흐는 고갱에게 자화상을 받고 그가 자신과 같은 처지에 있다는 걸 알았다. 답례로 고갱에게 「자화상(고갱에게 바침)」을 보냈는데, 수도승처럼 머리를 깎고 회화에서 구도의 길을 가는 자신을 표현했다. 고흐는 1888년 6월 수도승이 등장하는 피에르 로티의 소설 『마담 크리상템』을 읽었고 일본화 복사본을 수집하고 있었는데, 이런 것들이 영향을 준 것으로 보인다. 두 사람의 자화상에서 회화를 위한 순교자와 수도승의 열정이 나타났다.

고갱이 프랑스 남부의 작은 마을 아를로 고흐를 찾아간 것은 나뭇잎이 붉게 물든 1888년 10월 28일이었다. 고흐는 고갱을 맞이하기 위해 「해바라기」를 그려 방을 장식하며 반겼다. 고갱은 '아를의 노란 집'에 와 짐을 풀면서 수도원에라도 온 듯한 느낌을 받았다. 고갱이 테오에게 아를에서 진지하게 작업하겠다고 말하고 이렇다 할 작품을 그리지 못한 걸 보면 그곳에 실망한 것 같다.

고흐와 고갱의 불화는 예고되어 있었다. 다섯 살 위의 고갱이 이제 막 화단에 발을 디딘 고흐를 깔본 데 원인이 있었지만, 회화에 대한 두 사람의 견해가 너무 달라 매번 논쟁을 벌였기 때문이다. 두 사람의 성격을 비교하면 물과 불 같아 도저히 화해할 수 없었다. 고갱은 인습타파주의자였고 빈정거렸으며 냉소적이었고 궤변을 일삼았으며 무심한 면이 있었다. 반면 고흐에게는 북유럽 사람의 거친 기질이 있었고, 천성이 열심히 노력하는 사람인 데다, 동료에게 격정적인 애정을 쏟는 불같은 사람이었다.

사실주의에 근거한 고흐와 초자연주의에 근거한 고갱이 자연을 바라보는 관점은, 두 사람이 아를에서 같은 주제를 그린 그림에서 극명하게 비교된다. 1888년 11월, 둘은 늦은 오후에 아를의 여인들이 포도를 수확하는 광경을 보았고 노란 집으로 돌아와서 기억을 더듬으며 그림을 그렸다. 둘의 작품에는 서로 다른 색, 양식, 상징이 나타났다. 고흐는 태양이 대지를 노랗게 물들인 가운데 포도원에서 수확에 여념 없는 여인들의 신성한 노동을 「붉은 포도밭」이란 제목으로 묘사했다. 반면 고갱은 제목부터 「아를의 포도 수확(인간의 고뇌)」이라고 했다. 고갱은 여인들의 노동을 신성시하기보다 가난한 여인들의 고통스런 노역으로 보았다. 그는 화면 중앙에 땅바닥에 앉은 여인이 주먹 쥔 양손으로 턱을 괴고 시름하는 모습을 그려 넣고, 뒤에서 작업에 몰두하는 여인들과 대조되게 구성했다. 불쌍하고 의기소침한 여인은 페루의 무덤에서 발굴된 미라의 모습을 닮았다. 고갱은 이 미라를 파리에 있는 에트노그라픽 뮤지엄에서 본 적이 있었는데, 매장할 때의 자세를 한 모습으로 이 여인을 형상화했다. 그는 다음 해에도 이런 모습의 여인을 「브르통 이브」 「삶과 죽음」에 그렸다. 그는 의지가 약한 인간의 정신적 무기력함과 허약함을 표현하려 했다. 흥미로운 점은 「아를의 포도 수확(인간의 고뇌)」에 아를의 여인이 아니라 브르통의 여인이 등장한 점이다. 붉은빛이 감도는 보라색 포도원에서 두 여인이 허리를 굽혀 수확에 여념 없고, 왼쪽에 서 있는 여인은 브르통 나막신을 신고 브르통 옷을 입고 있다. 브르통에서 일했던 고갱은 그곳 여인들에 매료되었으며 아를에 와서

고갱의 「자화상: 레 미제라블」 1888년 9월 말경,
유화, 45-55cm

고흐의 「자화상(고갱에게 바침)」
1888년 9월 16일경, 유화, 60-49.9cm

고흐의 「붉은 포도밭」 1888년 11월 12일경, 유화, 75-93cm

고갱의 「아를의 포도 수확(인간의 고뇌)」 1888년 11월 4-11일, 유화, 73-92cm

도 그 취향을 고스란히 드러냈다. 그는 베르나르에게 보낸 편지에 적었다. "아를에서 본 포도원 광경이란다. 난 브르통 여인들을 삽입했다. 적당하게 꾸미느라 갖가지를 동원했단다." 현실을 부정하는 고갱의 성격이 그대로 드러났다.

어머니와 외할머니를 생각했을 것이다

고갱의 아버지 클로비 고갱은 『르 나시오날』 정치부 기자로 혁명군을 지지했다. 서른네 살의 클로비는 혁명이 성공할 기미를 보이지 않자 아내 알린과 두 살 난 딸 마리, 이제 한 살밖에 안 된 폴을 데리고 망명하던 중 페루의 수도 리마로 가는 배에서 뇌동맥류파열로 세상을 떠났다. 고갱이 남태평양의 섬에서 외롭게 세상을 떠난 것도 아버지와 같은 사인에 의해서였다. 졸지에 과부가 된 알린은 혼자 두 아이를 데리고 리마로 갔는데, 페루는 알린의 어머니, 즉 고갱의 외할

머니 플로라 트리스탕의 나라였다. 알린은 외삼촌에게 자신과 어린 남매를 의탁했다.

고갱은 어려서부터 외할머니를 자랑스럽게 여겼다. 플로라는 온갖 사회활동에 참여하고 노동조합을 설립한 여장부였다. 낭만적 사회주의자 플로라는 자서전 『천민의 방랑』을 썼는데 방랑벽이 있는 고갱에게 감동을 주었다.

고갱은 1849년부터 1854년 가을까지 페루에서 부유하게 자랐으며 훗날 어린 시절이 행복했다고 말했다. 그는 피부가 검은 페루인과 다른 모습이었지만 페루 아이들과 어울려 성장했다. 그곳에서 보고 느낀 점들이 훗날 작품에도 나타났는데, 바로 원시주의 요소들이다.

알린은 고갱이 여섯 살 되던 해인 1854년 말 아이들을 데리고 프랑스 오를레앙으로 돌아왔다. 고갱은 열한 살에 신학교에 입학해 졸업한 뒤, 해군이 되려고 해군 예비학교로 입학했다. 열일곱 살 되던 해인 1865년 12월, 해군 예비학교를 졸업하고 사관후보생이 되어 배를 타고 남아메리카로 항해했다. 한 살 때 아버지와 함께 페루로 가던 그 항로였다. 고갱은 13개월 동안 지중해와 북극해 등 세계 전역을 누볐다. 그가 어머니의 타계 소식을 들은 건 1867년 인도의 어느 항구에서였다. 1868년 고갱은 해군에 입대했고, 나폴레옹 3세가 1870년 프로이센을 공격하면서 보불전쟁을 일으키자 제롬 나폴레옹호를 타고 노르웨이와 덴마크 국경 근처에서 복무했다. 1871년 4월에 제대하고 파리로 돌아오니 생클루 가에 있는 집이 불에 타 버리고 없었다. 그는 대부 구스타브 아로사를 찾아갔다. 금융업자이면서 사진작가로 동시대인의 그림을 수집하던 아로사는 그를 베르탱 은행에서 주식중개에 관한 일을 할 수 있도록 알아봐 주었다.

스물다섯 살 되던 해인 1873년 고갱은 아로사 집안과 친분이 있는 스물세 살의 덴마크 여인 메테 소피 가트를 만나 결혼했다. 메테는 고갱만큼이나 성격이 강했으며 독립심이 있었다. 메테는 1874년 8월에 첫아들 에밀을 낳고 3년 후 딸을 낳았는데, 이름을 고갱의 어머니와 같은 알린으로 지었다. 메테는 2년 간격으로 아들 클로비, 장 르네, 폴 롤라 셋을 더 낳았다. 아이들이 성장하자 고갱은 큰 집으로 이사했고, 아로사처럼 취향에 맞는 그림을 수집하면서 부르주아의 삶을 즐겼다. 그는 소품이지만 마네, 모네, 피사로, 세잔, 르누아르, 시슬레 같은 화가들의 작품을 많이 사들였다. 여가

에 그림을 그린 고갱은 세잔의 정물화를 자기 작품의 배경으로 쓰기도 했다. 그는 친구에게 보낸 편지에 이렇게 적었다. "세잔의 정물화는 내가 갖고 있는 보물 중에서도 보물일세. 빈털터리가 되더라도 이 작품만은 갖고 있으려고 하네."

고갱은 피사로에게서 회화를 배웠다. 피사로는 그에게 주제를 한 장소에서만 관망하지 말고 양옆에서 바라보는 대각선 구성으로 그리라고 권했다. 이런 구성은 일본 화가 호쿠사이와 히로시게의 판화에서 흔히 볼 수 있는 것으로, 당시 많은 프랑스 화가들이 일본화의 영향을 받고 있었다. 고갱은 인상주의 화가들 가운데 자신보다 열네 살이 많은 에드가 드가와 교분이 두터웠다. 독설가로 악명 높았던 드가가 성미 고약하고 불손한 고갱을 가까이하며 꾸준히 호의를 베푼 건 이례적인 일이었다. 드가는 고갱을 인상주의 화가들을 후원하던 화상 뒤랑 뤼엘에게 소개하면서 그의 작품을 사라고 강력하게 권했다. 고갱이 타히티에서 작업할 때 뒤랑 뤼엘이 그의 작품을 산 것으로 보아 드가가 꾸준히 후원했음을 알 수 있다.

신비스러운 것들의 요염한 조화

고갱이 타히티 섬 북서 해안의 항만 도시 파페에테에 도착한 것은 마르세유를 떠난 지 69일이 지난 후였다. 마흔세 번째 생일 하루 전날이었다.

타히티에 도착해 처음 그린 것은 이웃사람이나 아이들의 초상이었다. 타히티에서 그린 첫 번째 초상화는 「꽃을 든 여인」이었다. 그림의 여인은 이웃 사람이고, 고갱은 "타히티족 본래의 모습"을 나타냈다고 했다. 여인은 비록 성직자처럼 유럽식 파란 드레스를 입고 있지만 고갱은 마오리 여인의 신비스런 속성을 묘사했다고 자부했다. 배경은 꽃으로 단순하게 구성했는데 세잔의 회화 방법을 버리지 않고 계속 쓰고 있음을 알 수 있다. 고갱은 자신이 쓴 책 『노아 노아』에서 이 여인을 유럽인의 기준에서 볼 때 전혀 세련되지 못했지만 아름답다고 적었다. 그가 미의 기준을 조형미보다 사물 속에 있는 본질에 두었음을 알게 해 준다.

파페에테는 고갱에게 실망을 안겨 주었다. 이미 서구화된 그곳은 함석집들이 다닥다닥 붙어 있고 물가는 비쌌으며 별 볼거리도 없는 항구였다. 야성을 찾아 먼 길을 왔는데, 보이는 것들이라고는 시장에서 죽치고 있는 창녀, 중국인이 경영하는 선술집, 유럽에서 온 술고래 백인들뿐이었다.

고갱은 9월 말 파페에테에서 약 45킬로미터 떨어진 작은 마을 마타이에아로 거처를 옮겼다. 망고나무가 있고 바다가 바라보이는 언덕 아래에 집을 얻었다. 그는 "신비스러운 것들이 요염한 조화를 이루는 환희와 적막 속에서 그림을 그릴 수" 있어 만족스러웠다.

그곳에서 그린 그림들은 좀 더 명쾌해졌으며, 열대지방의 색채로 빛났고, 화법에 변화가 생겨 구성도 복잡해지고 매우 표현적이었다. 그는 사치스런 느낌을 주는 연두색, 오렌지색, 보라색, 장미색을 주로 사용했다. 상반된 색을 대조적이면서 대담하게 썼으며 유연한 선으로 사물을 단순화했다. 사물의 외곽선을 부드럽게 하고, 형태를 무시하지 않고 시각적 관찰에 충실했다. 그리고 사람의 모습을 더 이상 캔버스 가장자리에서 자르지 않아 일본화의 영향에서 벗어났으며 원시주의의 영향은 오히려 고조되었다.

그는 살갗이 검은 원주민 여인들을 모델로 한없이 열린 하늘이 있는 풍경을 그렸다. 열대의 꽃이 원색으로 빛나게 재현하고 오두막이 있는 풍경을 그리기도 했다. 유럽의 낭만주의가 그의 작품에서 재현되었다. 그는 타히티 원주민 여인들의 모습에서 자연과 동물적 우아함을 발견할 수 있었다고 했다. 그는 부끄러움을 모르는 섬의 이브들을 여러

고갱의 「꽃을 든 여인」 1891, 유화, 70-46cm

고갱의 「이아 오라나 마리아(아베 마리아)」 1891, 유화, 113.7-87.6cm

점 그렸다. 이브들을 앉고 서고 눕게 했으며, 두 사람을 동시에 그릴 경우 대화하는 자세가 아니라 따로따로 자세를 잡게 했다.

그는 「이아 오라나 마리아(아베 마리아)」를 그렸는데, 아이를 어깨에 메고 다니는 타히티인 모자를 마리아와 예수에 비유하여 두 사람의 머리에 후광을 그려 넣었다. 그는 왼쪽의 두 여인들로 하여금 모자를 경배하도록 했다.

우리는 어디서 왔으며, 누구이고, 어디로 가는가?

고갱은 경제적으로 어려울 때 파리의 예술부에서 200프랑을 받았다. 하지만 정부가 후원하는 데 생색을 내자 곧 돈을 돌려보냈다. 그는 말년에 많은 산문을 썼다. 더러는 반항적인 태도로 썼지만 그의 지성의 깊이와 인생관을 파악하기에 적절한 산문도 있다.

1897년 4월 고갱은 메테에게서 짧은 편지를 받았다. 스무 살이 된 딸 알린이 폐렴으로 그해 1월 19일 세상을 떠났다는 비보였다. 이 소식은 한동안 그를 괴롭혔으며 자살을 기도한 것도 이 무렵이었다. 늘어나는 빚과 결막염으로 건강이 나빠져 기진맥진한 상태였는데, 사진을 늘 품고 다닐 만큼 깊이 사랑한 딸의 죽음 소식은 그를 절망에 빠뜨렸다. 1897년 12월, 자살하려고 모아 둔 비소를 먹었으나 다 토해 내고 고통 속에서 깨어났다.

고갱은 자살을 시도하기 전에 거의 4미터쯤 되는 캔버스에 인생의 불가사의함을 「우리는 어디서 왔으며, 누구이고, 어디로 가는가?」란 제목으로 그림을 그렸다. 유언과도 같은 작품이었다. 그는 1897년 2월 몽프레에게 보낸 편지에 적었

다. "이 작품은 그동안 내가 해 온 것들을 초월하는 것으로, 이와 같거나 이보다 더 나은 그림을 난 그릴 수 없을 것 같네. 죽기 전에 내 모든 열정과 에너지를 고통 속에서도 모두 쏟으려고 한다네."

「우리는 어디서 왔으며, 누구이고, 어디로 가는가?」는 1888년에 그린 「자화상: 레 미제라블」「설교 후의 영상」「아를의 포도 수확」의 주제를 요약하고 반복한 것이다. 이것은 타히티에서 그린 작품들 가운데 가장 유명하다. 주로 어두운 색을 쓴 그림에는 바다가 보이는 정글이 펼쳐졌는데, 그 안에 세 그룹의 사람들이 보인다. 중앙에는 폴리네시안 남자가 서 있고 이브처럼 과일을 막 따려 한다. 이 남자는 유럽인과 아시아인을 합친 듯한 모습이며 렘브란트의 드로잉에 나오는 자세와 같은 자세를 하고 있다.

남자 왼쪽에 푸른 원피스를 입은 여자아이가 과일을 먹고 있다. 화면 중앙의 남자가 켠 것과 같은 과일이다. 아이 곁에는 고양이 두 마리와 흰 염소도 한 마리 있다. 그리고 죽음이 임박해 보이는 여인이 있다. 절망과 무력감에 빠진 늙은 여인은 「아를의 포도 수확」에 나오는 여인과 닮았다. 늙은 여인과 대비를 이루는 젊은 여인이 바로 곁에 있다. 균형 잡힌 금빛 몸, 아름답고 관능적이다. 이 여인은 "우리는 어디에서 왔는가?" 하고 자문하는 듯 보인다.

왼쪽 화면 뒤편에 자리한 신상은 여신 히나다. 달의 여신답게 달빛에 빛나고 있다. 꽃처럼 생긴 둥근 대좌 위에 서 있는데, 불교와 힌두교 조각에서 많이 볼 수 있다. 프러시안 블루와 흰색을 섞어 칠했다. 히나 뒤의 파랗고 커다란 광륜은 아시아 조각에 흔하며 만다라와 같은 기능이 있다.

턱을 괴고 관람자를 바라보는 두 여인과 등을 돌린 채 옷

고갱의 「우리는 어디서 왔으며, 누구이고, 어디로 가는가?」 1897. 유화, 141-376cm

을 걸치지 않은 여인, 그 뒤에 다정하게 산책하는 두 여인이 "감히 자신들의 운명을 생각하고 있으며", 등을 돌리고 왼팔로 땅을 짚고 오른손으로 머리를 만지는 "웅크리고 있는 여인은 비례에 맞지 않게 큰데, 일부러 그렇게 한 것"이다.

인물들의 배경에 나타난 풍경은 복잡하고, 공간이 모호하며 혼돈스럽다. 그러면서도 고갱의 신비스러운 색과 상징, 조형주의가 잘 어우러지고 있다. 인간의 숙명을 암시한 이 작품은 세기 말 암울한 시대의 기진맥진한 철학적 명상에 대한 시위이기도 하며, 동시에 인생에 대한 수수께끼를 표현한 것이기도 하다. 작품 제목은 그가 창작한 것이 아니라 문학에서 인용한 것으로, 이런 질문은 이미 철학과 종교에서 기원전부터 제기되었고 오늘날에도 제기되고 있다.

고갱의 「신부 르세리」 1902년경, 미로나무 ·· 고갱의 「테레스」 1903, 미로나무

문명과 싸운 고독한 예술가의 삶

1901년 9월 16일 고갱은 마르키즈 제도에 속한 히바오아의 항구 마을 아투오나로 거처를 옮겼다. 타히티에서 북동쪽으로 1200킬로미터 떨어진 곳이다. 히바오아는 파페에테에 대면 원주민들의 삶이 잘 보존된 편이었지만 어느새 문명의 바람이 불고 있었다. 고갱은 식민지에 대한 프랑스 정부의 정책에 환멸을 느꼈다. 곧 '쾌락의 집'을 짓고, 문지방에 '열대의 대가'란 팻말도 붙였다. 행정사무관들은 그를 '열대의 악당'이라 불렀다. 고갱은 마오리족과 똑같은 옷을 입었다. 색이 있는 천을 감아 엉덩이를 가리는 파레우를 입었고, 타히티인의 셔츠를 입었으며, 거의 맨발로 지냈다.

1900년 볼라르와 계약을 맺은 뒤부터 더 이상 경제적으로 악화되는 일은 없었으므로 자유롭게 창작에 전념할 수 있었다. 이 시기에 그는 종교적 신화를 주제로 아담과 이브, 천사, 이브를 유혹하는 뱀, 선악과, 그리스도의 탄생 같은 것을 드로잉하거나 조각했다. 유럽인 모습의 아담을 열대의 정원에 그리거나 열대의 원주민을 천사와 동정녀, 그리고 아기 예수로 묘사했다. 그는 마르탱 주교가 설교를 할 때 자신을 빗대어 비난하자 「신부 르세리」란 제목으로 그로테스크한 나무 조각상을 만들어 정원에 장식으로 세워 놓았다. 마르탱은 자신의 하녀와 성관계를 가졌다는 소문이 있었다. 고갱은 마르탱을 뿔이 달린 마귀로 묘사했으며 마르탱의 사랑의 파트너를 「테레스」란 제목으로 제작하기도 했다. 르세리

와 테레스를 만화처럼 익살맞게 묘사한 것처럼 경찰관 젠다르메 클라베리에의 모습도 그런 식으로 묘사했다. 이 경찰관은 고갱을 위험한 인물로 규정하고 그의 행동을 늘 주시하고 있었다.

1901년에 왕성한 창작력을 보였지만 곧 병으로 작업하는 시간이 줄었고, 프랑스 공무원들의 지역 행정에 반감을 나타냈다. 그는 자신의 그림을 글로 알리는 데 주력했다. 그가 글쓰기에 힘을 쓴 이유는, 건강이 나빠지고 다리의 통증으로 거동도 어려워져 그림과 조각을 할 수 없었기 때문이다. 두 달 이상 그림을 그리지 못하고 글만 쓴 적도 있다.

1903년 2월 고갱은 몽프레에게 보낸 편지에 잠을 이루지 못하는 밤이면 과거에 보았던 것, 들었던 것, 생각한 것들이 머리에 떠오른다고 적었다. 그는 잠을 이루지 못할 때면 술을 마셨고, 죽기 몇 달 전부터 아편을 먹었다. 그가 세상을 떠난 뒤 집 옆 우물에서 모르핀이 든 유리병, 주사기, 편두통 치료제가 든 병, 설사와 구토 또는 배앓이를 진정시켜 주는 병 들이 발견되었다.

고갱은 죽기 얼마 전 마지막 글을 남겼다.

"이성을 송두리째 잃고 본능과 상상력마저 바닥을 드러냈다. 예술가들은 자신들이 감히 창조할 자신이 없던 생산적 요소를 찾아 이 길 저 길을 헤매고 다녔지만 궁극적으로 그들은 혼자 있으면 소심해지고 당혹감에 빠지는 무질서한 군중처럼 행동하게 되었다. 그래서 고독은 아무에게나 권할 만한 것이 못 된다. 고독을 견디고 자기 의지대로 행동하기 위해서는 끈기가 있어야 한다."

고갱은 고독 속에서 몸부림치다 세상을 떠났다.

국립중앙도서관 출판시도서목록(CIP)

폴 고갱 : 나는 타히티의 야만인으로 살겠다 / 막시밀리앙 르 루아 글 ;
크리스토프 골티에 그림 ; 마리 갈로팽 채색 ; 임명주 옮김. -- 서울 :
작은길출판사, 2015
p. ; cm

원표제: Gauguin : loin de la route
원저자명: Maximilien Le Roy, Christophe Gaultier, Marie Galopin
프랑스어 원작을 한국어로 번역
ISBN 978-89-98066-27-7 04990 : \ 13000
ISBN 978-89-98066-13-0 (세트) 04080

고갱(인명)[Gauguin, Paul]
전기(인물)[傳記]

650.99-KDC6
759.9492-DDC23   CIP2015003564

폴 고갱

: 나는 타히티의 야만인으로 살겠다

2015년 3월 18일 초판 1쇄 펴냄
막시밀리앙 르 루아 글 | 크리스토프 골티에 그림 | 마리 갈로팽 채색 | 임명주 옮김 | 김광우 해제

펴낸이 최지영 | 펴낸곳 작은길출판사 | 출판등록 제2011-25호(2011년 10월 25일)
주소 서울 노원구 덕릉로79길 23 103-1409 | 전화 02-996-9430 | 팩스 0303-3444-9430
전자우편 jhagungheel@naver.com | 블로그 jhagungheel.blog.me
페이스북페이지 www.facebook.com/jhagungheelpress
교열 신정숙 | 제작 (주)재원프린팅

ISBN 978-89-98066-27-2 04990